LES
MANGEURS DE PEUPLES

JEAN BRUNO

LES

MANGEURS DE PEUPLES

Prix : 25 centimes

PARIS

CHEZ MADRE, LIBRAIRE-ÉDITEUR

20, RUE DU CROISSANT, 20

—

1871

LES
MANGEURS DE PEUPLES

Plus que jamais, la profession de *mangeur de peuples* est divinisée par les coryphées de la réaction ; cela s'explique, car il y a réellement, pour ces derniers, péril en la demeure.

Messieurs les royalistes sentent le terrain monarchique s'effondrer peu à peu sous leurs pieds ; ils voient avec horreur la marée révolutionnaire sur le point de submerger définitivement tous leurs priviléges ; ils comprennent enfin qu'ils vont être obligés de ne plus jouer, à l'avenir, que le rôle de simples citoyens.

J'avoue que cette humiliante perspective n'est point

faite pour jeter une folle gaieté dans l'esprit de ces rejetons des preux. Il est en effet bien cruel de se voir contraint de rengaîner, dans son étui, ce noble drapeau blanc, glorification de la force et brillant symbole de la civilisation de l'Œil-de-Bœuf.

Il faudrait vraiment avoir des entrailles de ministre décembriste pour ne point s'apitoyer sur le triste sort de ces infortunés.

Afin de faire mieux apprécier les pertes douloureuses et irréparables de ces nobles victimes, et la cruauté féroce des républicains à leur égard, je vais passer rapidement en revue les institutions monarchiques, en indiquant les trésors de bonheur et les sources de félicité qu'elles font naître autour d'elles.

Pour faire un civet, prenez un lièvre, dit la *Cuisinière bourgeoise*; pour faire un monarque, prenez n'importe qui ou n'importe quoi, dit le *Code de la succession aux trônes*, pourvu, toutefois, que ce n'importe qui ou ce n'importe quoi soit l'héritier *apparent* de la couronne.

Comme la recherche de la paternité est aussi rigoureusement interdite sur les marches des trônes qu'au fond des cabanes rustiques, il arrive très souvent que le petit morveux, destiné à donner un jour la férule à tout un peuple, est issu de la cuisse peu aristocratique du premier palefrenier venu, ou même d'un barbier en rupture de rasoirs... .

J'avoue que ces éventualités n'ont rien qui m'effraye, au contraire. Les jardiniers n'ont-ils pas l'habitude d'enter de vigoureux bourgeons, pris au hasard dans les forêts, sur les troncs, souvent aux trois quarts pourris, des parcs somptueux qu'ils cultivent ?

Pourquoi ne procéderait-on pas de même à l'égard des races royales, si sujettes à se corrompre au milieu de l'atmosphère empoisonnée qu'elles respirent ?

Donc, j'admets bien volontiers que le roitelet puisse être, — sans aucun inconvénient pour la monarchie, — le fils d'un employé à la remonte, ou le rejeton d'un coiffeur en chambre.

Ici, je me permettrai une petite réflexion. Il est d'usage, dans les administrations, dans l'armée et dans toutes les corporations destinées à faire un service public, de n'admettre les nouveaux membres qu'après s'être assuré de leur état physique et moral…; s'ils n'offrent pas toutes les qualités exigées par les règlements, ils sont impitoyablement éliminés.

C'est en ceci surtout que se manifeste la sagesse admirable qui a présidé à la fondation des institutions monarchiques.

Loin d'avilir la sublime dignité de la royauté, en lui faisant subir d'injurieux examens, on s'efforce, au contraire, de célébrer à l'envi les louanges du futur souverain.

Qu'il soit goîtreux, crétin ou idiot; qu'il porte la tête d'Apollon ou le faciès d'un gorille sur ses épaules; qu'il ait l'âme de Néron, le cœur de Charles IX ou les vices de Louis XV; qu'il fasse concurrence à Lassouche sur les tréteaux, ou qu'il ramasse un projectile égaré à deux lieues du champ de bataille, l'aspirant monarque n'en reste pas moins, aux yeux éblouis de ses féaux, le type de toutes les perfections humaines, le solide rempart de la justice, l'effroi des méchants, le protecteur infatigable de l'innocence et de la faiblesse, la personnification de la splendeur et de la générosité... Une créature divine, enfin, sortie du ciel pour répandre à pleines mains sur les peuples, les inépuisables trésors qu'il tient de Jehovah !

*
* *

A moins de se nommer Barbès et d'avoir été, dès e berceau, désaffectionné des saintes traditions monarchiques, qui font la gloire des potentats et la fortune des courtisans, on ne peut refuser de courber l'échine et le genou devant l'éblouissante majesté d'un bambin si extraordinairement doué.

Il faudrait réellement ne pas avoir un pantalon de rechange dans sa garde-robe pour résister à l'impérieux besoin de se mettre à plat ventre devant une telle somme de grandeur...

*
* *

Plus on examine l'éducation des aspirants porte-couronnes, et plus on est pénétré d'admiration pour les serviteurs de génie chargés de leur inculquer l'art subtil et productif de tondre les gouvernés.

Afin de prouver au peuple que, sous une monarchie, les honneurs et les grades sont la récompense exclusive du mérite, on commence par donner au poupon royal le poste infime de caporal dans un régiment d'infanterie...

Une telle dérogation aux usages aristocratiques des anciennes cours, ne manque pas d'exciter un délirant enthousiasme parmi les illustres personnages assez favorisés pour approcher du majestueux berceau, dans lequel l'auguste marmot prend sa bouillie.

Il est vrai qu'on a jugé nécessaire de nommer ce dernier, à son apparition dans le monde, haut-cordon de l'ordre royal du casse-noisette!

On est prince ou on ne l'est pas, que diable!

Devenu grand, l'héritier présomptif éprouve ordinairement le besoin de faire un peu d'opposition à papa pour se rendre populaire.

Comme il n'ignore pas que tout concombre a d'abord été cornichon, c'est-à-dire doué de certaines qualités piquantes dont les béotiens recherchent la saveur, il se fait coureur de ruelles et protecteur de filles pour se concilier les bonnes grâces des dames de la cour, si connues par leur austère vertu!!!

Il affiche partout ses sympathies pour les libéraux, critique vivement, le cas échéant, les abus de pouvoir du clergé, et daigne honorer le corps des ballets de sa haute bienveillance...

Quand ces dépravations révolutionnaires prennent les proportions du scandale, papa se fâche tout rouge, comme Seringuinos dans les *Pilules du Diable*, et il flanque sa progéniture aux arrêts !

Cet acte de sévère justice excite outre mesure l'admiration des champions de l'autorité pour l'énergie du roi, et ne manque pas de gagner quelques naïfs démocrates à la cause de son héritier...

Les deux malins compères se frottent alors les mains de joie en petit comité, et remercient avec effusion la Providence de leur avoir donné une intelligence si supérieure à celle de la vile multitude au-dessus de laquelle ils planent si glorieusement.

Cependant, un beau jour, le royal podagre, qui s'est improvisé, de par l'autorité incontestable du droit divin, berger de tout un peuple, attrape un refroidissement de galanterie sous les bosquets dangereux du Parc-aux-Cerfs, et se voit contraint de lâcher sa houlette.

Dans ce cas encore, on ne saurait trop admirer l'admirable sagesse qui a présidé à la fondation des institutions monarchiques. Sans examen, sans contrôle, sans prendre même la peine de s'assurer que le candidat porte-couronne est vacciné, on le saisit par les épaules, on le pousse sur n'importe quel balcon, et on crie à la foule d'une voix de stentor :

— Voilà votre maître ; le roi est mort, vive le roi !...

Et la farce est jouée...

Devant la noble simplicité de cette transmission du pouvoir souverain, qui donc oserait protester ?

Quelques républicains peut-être, gens de sac et de corde, bons tout au plus à se faire mitrailler sur le boulevard Montmartre, sous le fallacieux prétexte qu'ils défendent la justice et les lois...

Aussitôt établi dans son fauteuil, le nouveau monarque s'occupe tout d'abord de récompenser, comme ils le méritent, les courtisans zélés qui lui ont tenu l'étrier lorsqu'il se rendait à quelque galant rendez-vous...

Les cris : A bas les vieux ! Place aux jeunes ! retentissent bientôt dans toutes les antichambres du palais.

La grande chasse aux faveurs commence avec une activité qui donne la plus haute opinion des capacités de ceux qui s'y livrent.

Tandis que les vieux soutiens de l'ancien monarque se retirent, courbés sous le faix accablant des richesses qu'ils doivent à la magnanimité de leur ancien maître, on voit les couloirs du palais encombrés par une foule de jeunes vautours, impatients de se ruer sur la riche proie que leur ménage le nouveau souverain.

Tout le monde trouve son compte à cet ingénieux arrangement. Les vieillards vont digérer en paix leurs millions, les jeunes courtisans s'enrichissent en quelques mois, le roi s'assure le concours de serviteurs dévoués, et le peuple, qui paye naturellement les violons de ce bal d'écus, est pour longtemps délivré des pernicieuses tentations que lui suggérait son argent.

Le nouveau monarque oublie invariablement les promesses qu'il a faites aux libéraux pendant son stage.

Obéissant à l'instinct naturel de conservation qui se trouve au fond du cœur de tous les êtres animés, qu'ils soient moucherons ou baleines, sapajous ou empereurs, le roi cherche tout d'abord à consolider sa dynastie. Il ne tarde pas à s'apercevoir que le plus solide étai d'un gouvernement monarchique est le clergé.

Afin de se concilier les bonnes grâces des princes de l'Église, il s'empresse de répandre sur eux les faveurs de toute nature, s'inquiétant peu du mécontentement de ses sujets, qui sont du reste tenus en échec par une imposante forêt de baïonnettes.

Mais comme un des principaux travers de l'homme, et particulièrement du clergé, est de ne jamais se contenter de ce qu'il possède, le monarque est bientôt poussé dans ses derniers retranchements...

Si le roi prête l'oreille à toutes les exigences des prêtres, il établit la loi du sacrilége, soutire au peuple le milliard d'indemnité, signe les ordonnances de juillet, et se fait honteusement chasser du trône par ses sujets indignés de son jésuitisme...

Si, au contraire, il essaie de résister aux empiétements du pouvoir clérical, il voit s'élever peu à peu une sourde hostilité contre lui. Les confessionnaux sont mis dans le secret des griefs qu'on lui reproche ; il est publiquement traité en chaire d'hérétique et d'athée. Les bourgeois des petites villes, quoique affectant des allures voltairiennes, ne craignent pas de blâmer tout haut son irréligion ; et un beau jour de février le monarque est obligé de se fourrer dans une blouse de prolétaire pour se soustraire à la brutalité de son peuple.

Victoria, le czar et le sultan ont trouvé le moyen de se préserver de la tyrannie religieuse, ils l'ont confisquée à leur profit...

Pourquoi les autres monarques n'en feraient-ils pas autant ?

Je serais, je l'avoue, curieux de voir comment mes chers compatriotes accueilleraient M. Thiers, s'il devenait tout à coup pape de la République...

Une cour n'existe qu'à la condition de donner des fêtes somptueuses qui absorbent, bon an mal an, une dizaine de millions.

A moins d'avoir été réduit toute sa vie à l'austère brouet des Spartiates, un citoyen ne peut pas trouver mauvais que le chef de l'Etat dépense une dizaine de millions pour faire gracieusement lever la jambe aux nobles dames qui sont la gloire et l'honneur du pays...

Et puis, songe-t-on aux immenses bienfaits que

l'exemple de ce luxe auguste répand sur toutes les classes du peuple ?

Afin de se montrer dignes de leurs illustres protectrices, les petites bourgeoises ne craignent pas de mettre à sec l'escarcelle du ménage pour se procurer les parures enviées.

Suivant de près ces dernières, les jeunes ouvrières, embrasées tout à coup d'une noble ambition, méprisent courageusement d'une austère vertu les modestes avantages et se plongent à l'envi dans le torrent des plaisirs !

Sous ce régime béni, le luxe s'étend du palais à la mansarde. Partout résonnent de joyeuses ritournelles ; on danse dans les salons, dans les ateliers, dans les loges de concierge. Le monde entier est en fête quand les rois daignent se distraire. Eh ! qu'importe la chasteté au visage triste et pâle ! qu'importe la faim aux tortures cruelles ! qu'importe le froid aux mortelles étreintes ! On s'amuse à la cour, on rit dans les salons, on saute chez les courtisanes ; tout est pour le mieux dans la meilleure des monarchies ! Vive la joie ! vive le plaisir ! Evohé !...

J'entends souvent des citoyens naïfs dire à tout propos qu'il est absurde d'avancer qu'un roi ne travaille pas constamment à faire le bien de ses sujets.

Pour qu'un roi se décide à travailler franchement au bonheur de son peuple, il faut d'abord qu'il ait une intelligence qui lui permette de le faire ; ensuite, qu'il ne soit ni paresseux, ni débauché, ni cupide ; enfin, et surtout, que le bien de ses sujets ne soit pas en opposition avec ses propres intérêts.

Comment veut-on qu'un monsieur, dont les appointements dépassent quelquefois le chiffre immoral de trente millions par an ; qui jouit en outre d'une autorité presque absolue sur un peuple immense ; qui voit ramper à ses pieds des nuées de fonctionnaires, de magistrats, de courtisans ; qui est presque adoré comme un dieu par ses serviteurs ; comment veut-on, dis-je, que cet homme sacrifie volontairement de tels trésors pour améliorer la position financière du terrassier Bridou, ou pour apprendre l'alphabet à Jacques Bonhomme ?

Ses féaux le couvriraient de mépris s'il s'abaissait à ce point.

Un souverain est d'abord roi pour lui, ensuite pour ses courtisans, quelquefois même pour ses fonctionnaires ; mais il ne regarde le peuple que comme un troupeau dont le produit est nécessaire à l'entretien de son luxe et de ses maîtresses.

Louis XIV est peut-être le seul monarque qui ait eu le courage d'expliquer tout haut la royauté.

Ses sujets savaient du moins à quoi s'en tenir sur l'importance de la place qu'ils tenaient dans l'État.

La plus ingénieuse prérogative des institutions monarchiques est sans contredit le droit absolu de déclarer la guerre et de conclure la paix donné au roi sans aucun contrôle.

C'est tout simplement merveilleux. Devant une telle somme de sagesse, il n'y a plus qu'à se prosterner et à adorer le fétiche monarchique comme une brute...

Je comprends maintenant pourquoi le Grand-Turc se faisait encore appeler, au commencement de ce siècle: l'*Impérial tueur d'hommes* !

L'humanité peut être tranquille, le soin de son repos est confié à une ou deux douzaines de créatures d'élite, qui veillent nuit et jour pour écarter de son chemin tout ce qui pourrait arrêter sa marche paisible à travers les siècles.

Par exemple, si j'avais le malheur d'être roi et de tenir à ma couronne, je proscrirais de mes cuisines tous les comestibles ayant quelque analogie avec les haricots et les champignons.

On ne sait pas quelle terrible influence deux ou trois cryptogames malsains peuvent avoir sur le sort des peuples.

Quelle que soit la hauteur du rang social dans lequel il est placé, le roi n'en est pas moins un homme, c'est-à-dire un être assujetti à toutes les infirmités de la nature.

Quand il boit trop frais, il peut s'enrhumer; quand il boit trop chaud, il se brûle; quand il mange des aliments gâtés, il attrape la colique, et, ma foi, quand il a la colique, il est fort peu majestueux...

L'effacement de la majesté royale serait après tout une perte assez légère pour le peuple, et il pourrait s'en accommoder si la colique du souverain n'engendrait quelquefois des complications beaucoup plus dangereuses.

Mais il peut arriver que les perturbations physiques apportent un trouble momentané dans les facultés intellectuelles de l'auguste personnage.

En s'éveillant, le monarque cherche à éloigner de son esprit l'horrible cauchemar républicain qui semble avoir pris à tâche de détruire son repos. Haletant, effrayé, il réclame avec une violence épileptique son valet de chambre ou son ministre de la guerre...

C'est ce dernier qui se présente.

— Par la vertu de Marguerite Bellanger ! s'écrie le potentat d'une voix caverneuse, j'ai fait un fichu rêve...

— Que Votre Majesté daigne se rassurer, répond le spirituel courtisan, ce n'était heureusement qu'un songe...

— Oui, mais il m'a mis la cervelle à l'envers, et je suis sûr que c'est un avertissement providentiel.

— Il s'agit sans doute de ces incorrigibles républicains ?

— Juste. Il faut décidément en finir avec cette engeance ; es-tu prêt, mon vieux ?

Plus que prêt, gracieuse majesté... J'ai pas mal de canons, une quantité raisonnable de mitrailleuses, et des boutons de guêtres à en faire regorger le grenier d'abondance.

— Bravo ! cela me suffit... Je vais te confier une idée pharamineuse qui traverse mes alvéoles cérébrales pendant les instants de répit que me laisse la colique...

— J'écoute avec le plus profond respect votre sublime majesté...

— Le moment est venu de procéder à l'extermination des républicains, avons-nous dit. Eh bien, admire la *ficelle* que je vais employer pour commencer le bal...

— J'admire de toutes les forces de mon âme, ô le plus grand des héros !

— Tu dis donc que l'armée, les canons, les boutons de guêtres et les jambons sont prêts à entrer en campagne ?

— Oui, sire, les boutons de guêtres et les jambons surtout.

— C'est merveilleux ; alors demain je fais déclarer la guerre à la Prusse.

— Comment, à la Prusse ?

— Mon pauvre ami, tu n'es pas à la hauteur de la grande politique. J'entre en campagne contre Guillaume, je le rosse...

— Naturellement.

— Et à la deuxième victoire, je lui offre généreusement la paix, sans réclamer un sou de frais ; puis je profite de l'enthousiasme stupide de mon peuple pour confisquer sans bruit tous les républicains... et le tour est fait.

— O majesté mille fois sublime ! quelle profondeur de génie ! quelle merveilleuse combinaison ! Comment le cerveau d'un homme peut-il enfanter de tels prodiges ? Mais j'oublie que le monde entier vous place déjà au rang des dieux !

— Euh ! euh ! c'est peut-être un peu tôt ; cela viendra, garde-toi d'en douter...

*
* *

Et voilà comment un plat de champignons malsains peut faire égorger un demi-million d'hommes, ruiner trente provinces, répandre des torrents de larmes et perpétuer entre les peuples ces haines sanglantes, honte de l'humanité, qui abaissent le niveau intellectuel des nations civilisées au-dessous de celui des bêtes féroces...

* * *

Pourtant, en y réfléchissant un peu, il est difficile de ne pas payer un tribut de juste admiration à ces hommes providentiels, qui surgissent à point nommé du sein des peuples pour fournir aux poëtes de l'avenir des chapitres d'histoire intéressants et des sujets de tragédie corsés...

Les hommes de lettres seraient bien ingrats envers Charles IX s'ils méconnaissaient l'utilité des massacres de la Saint-Barthélemy.

* * *

Après l'exercice du droit de déclarer la guerre, qui est une des plus solides garanties de tranquillité pour le peuple, le monarque use largement de la faculté d'envoyer des capitaux à l'étranger.

S'il connaît peu le mécanisme qui préside à la répartition du budget, il n'a, en revanche, pas son égal pour tout ce qui concerne la circulation de l'argent.

Avec cette touchante confiance en ses sujets qui distingue un bipède *entrôné*, le monarque s'empresse de les débarrasser des millions en rupture de caisse qui traînent dans tous les coins des ministères, et il les emmagasine n'importe où, pourvu que ce ne soit pas dans son royaume.

Il sait, par une longue étude des vicissitudes monarchiques, que rien ne ressemble moins à l'aurore d'un règne, que son déclin, et il prend ses petites précau-
en conséquence.

Qui oserait le blâmer de songer à l'avenir ? Peut-être d'infimes démagogues, infectés de l'abominable science de Pythagore, à l'aide de laquelle ils essaient de prouver que deux et deux ne font pas absolument cinq, et que, par conséquent, il est impossible à un monsieur, dont les appointements s'élèvent annuellement à une trentaine de millions, d'amasser huit ou neuf cent millions en dix-huit ans, d'autant plus impossible que le monsieur en question a dépensé cha-
a n ée au-delà de ses honoraires.

Ce sont ces misérables querelles d'Allemands — rien de la Prusse — qui entretiennent dans les rangs populaires cette sourde agitation, pour l'apaisement de laquelle le monarque se voit, à son grand regret, obligé d'employer des nuées d'argousins et des forêts de baïonnettes...

Quand il serait si facile au peuple de payer et de se taire...

Mais quelqu'un de très fort a écrit cette phrase célèbre :

« L'écueil de la monarchie est le raisonnement ; aussi un roi ne sera-t-il jamais solidement assis sur son trône tant qu'on apprendra à lire aux gens qui ne possèdent pas de propriétés. »

C'était à peu près l'avis du *bon* Ferdinand, la *Providence* du royaume du Naples.

Dans une lettre qu'il écrivit à Louis-Philippe, au commencement de son règne, on trouva le remarquable passage suivant :

« ... Mon peuple n'a pas besoin de *penser* ; je me charge de son bien-être et de sa dignité. Nous ne sommes pas de ce siècle. Les Bourbons sont vieux, etc... »

Ce gaillard-là savait d'où vient le vent démagogique.

***

Quand un peuple n'a pas la sagesse de courber le dos et de tendre l'échine pour se faire tondre, il arrive indubitablement que les piliers de la monarchie, — c'est-à-dire la foule dorée qui vit de ses opulentes épaves, — conseillent au souverain de donner un nouveau tour de clé aux lois de compression...

L'effet logique de cette mesure ne tarde pas à se produire ; loin de s'apaiser, l'agitation dégénère en manifestations, puis en émeutes !

Alors, gendarmes d'accourir, mouchards d'entrer en campagne...

C'est le beau idéal du règne du casse-tête. On acquitte les meurtriers et on fourre leurs victimes en prison...

Mais tout a une fin, même l'orgie de la répression à outrance...

Un beau matin, l'aventurier couronné va se livrer comme un lièvre aux chasseurs prussiens, sa moitié prend ses jambes à son cou, et ce trône inébranlable, qui devait se perpétuer à travers les siècles, s'écroule piteusement comme un château de cartes.,.

Ce départ précipité de ses souverains est invariablement pour le peuple le plus beau jour du règne...

On s'embrasse, on se félicite, on fait les plus riants projets ; et, dans l'ivresse de la délivrance, on oublie les immenses désastres accumulés sur le pays par le tyran déchu.

Quelle république au monde pourrait procurer à la nation une si splendide fête ?

Aucune, assurément. La monarchie est donc le meilleur des gouvernements, et les monarchistes les plus intelligents des citoyens !

Cependant, malgré mon admiration sans bornes pour la monarchie, je suis en ce moment fort embarrassé dans le choix d'un candidat.

Je l'avouerai, puisque je suis en train de faire ma confession, j'ai peur que les prétendants évincés se liguent ensemble pour battre en brèche le monarque élu...

Il y en a quelques-uns surtout qui me donnent les plus grands soucis.

Car il ne faut pas oublier que la France jouit aujourd'hui de l'inestimable bonheur de posséder au moins trois aspirants-monarques, si ce n'est pas six ou même huit. On ne peut jamais sonder entièrement les mystères que renferme le cœur des Princes.

Ces candidats porte-couronnes, qualifiés du titre odieux de *mangeurs de peuples*, par de vils démagogues qui n'ont jamais savouré l'insigne félicité qu'on éprouve à se prosterner devant d'augustes babouches ; ces candidats porte-couronnes, dis-je, m'offrent tous les mêmes garanties pour la bonne gestion des affaires publiques...

Où trouver, en effet, un gaillard de la trempe du *bon* Henri ? Peigné comme un coiffeur, râblé comme un charbonnier, marchant presque droit, il se présente à la France escorté de l'Abondance et de la Paix !

Sous son règne béni, nous aurons des pluies de poireaux, des montagnes de cresson et d'innombrables avalanches de pommes de terre !

Est-ce assez de félicités, mon Dieu !

Et puis, grâce à son humeur essentiellement pacifique, nous serons préservés à jamais des horreurs de la guerre ! Nous pourrons travailler librement à gagner des millions et à fabriquer des pendules pour satisfaire les modestes exigences de nos excellents amis les Prussiens...

Cette perspective est tellement enchanteresse, que j'ai bien envie de m'arrêter au numéro un.

Cette envie redouble, lorsque je songe que ce sage futur souverain me promet généreusement de reprendre les belles traditions monarchiques qui nous ont valu la Saint-Barthélemy, les dragonnades, les lettres de cachet et une foule d'autres régals de même farine, dont la corvée et les droits du seigneur étaient les gracieux hors-d'œuvre.

Il faudrait vraiment n'avoir pas un bulletin de vote dans sa poche pour se priver d'un pareil monarque.

Pourtant, avant de me prononcer, je tiens à examiner le numéro deux.

Celui-ci est né en 1838 ; il se nomme le comte de Paris, en attendant mieux ; depuis sa naissance, il a bu et mangé comme tout le monde ; il s'est même marié. On va jusqu'à dire qu'il est vacciné...

Voilà, je crois, ses plus beaux titres à la couronne...

Je ne parle que pour mémoire de ce fameux parapluie de famille, illustré par grand-papa, que le jeune prétendant rapporte précieusement dans sa malle ; car, malgré ses vertus conservatrices, ce meuble bourgeois n'a pu abriter son possesseur contre l'averse populaire de 1848.

La parfaite insignifiance de ce candidat lui donne beaucoup de chances parmi les gens qui possèdent un écu à la place du cœur.

Mais je garde décidément tout mon enthousiasme, toutes mes sympathies pour ce héros merveilleux qui a su élever la vulgaire seringue à la hauteur d'une puissante arme de guerre ; pour cet habile administrateur qui, venu en France avec cent mille francs de dettes, a su tirer des ruines du pays et de la corruption du peuple un véritable milliard, avec lequel il se propose, dit-on, de venir acheter la conscience des honnêtes gens ; pour ce guerrier sans peur et sans reproche qui, après une série de vaillantes indigestions, est allé noblement, la cigarette à la bouche et le sourire aux lèvres, se livrer au vieux Guillaume !...

Tant de grandeur me stupéfie ! Je ne trouve pas d'expressions assez énergiques pour rendre les sensations de mon âme. En un tel embarras, je ne puis que crier de toute la force de mes poumons :

— Vive, vive à jamais le f.... de Sedan, et toute sa sainte séquelle ! ! !

A côté de ces premiers ténors des institutions monarchiques, s'agitent une demi-douzaine de doublures plus ou moins bien réussies.

On ne se doute pas, dans certaines classes du peuple, de la prodigieuse fécondité des nichées souveraines.

En dehors du prudent Henri, qui a eu le bon esprit de ne pas se donner d'enfants, afin de pouvoir manger ses revenus tout seul, les héritiers des trônes pullulent aujourd'hui en Europe.

Et il faut vraiment n'être que de naïfs Araucaniens pour se décider à couronner un monsieur, estampillé Orélie, qui a passé sa jeunesse à sauter les ruisseaux de Périgueux.

Sans compter la maison du docteur Blanche, il y a, dans le monde, cent familles princières disposées à fournir aux peuples qui en éprouvent le besoin, des rois, non garantis sur facture, pour leur donner les étrivières.

Après avoir fait adhésion à toutes les restaurations monarchiques que les gens d'*ordre* se proposent d'effectuer, je dois mentionner certaines idées qui jouissent d'un parfait crédit dans les rangs abhorrés des républicains.

On a, par exemple, l'effronterie d'y soutenir qu'une République vraie, basée sur le libre exercice du suffrage universel, est le plus simple, le plus durable et le meilleur de tous les gouvernements.

On y affirme que dès le moment où chaque citoyen, quels que soient son rang et sa fortune, peut être appelé à remplir les charges de l'Etat suivant ses capacités, l'intrigue et la corruption n'ont plus aucune raison d'être.

On y insinue que les prétendants seuls ont intérêt à entretenir le trouble et l'agitation dans les masses, et que le jour où ils seront forcés de reconnaître le néant de leurs criminels projets, le pays suivra paisiblement le cours de ses destinées.

On y met sans cesse en avant l'exemple de la grande république américaine, qui, malgré ses imperfections, a réalisé des progrès jusqu'à ce jour sans précédents dans l'histoire des peuples.

On y parle de l'abaissement ignoble du sujet qui, pour obtenir quelques bribes des faveurs souveraines, ne craint pas de se prostituer et de vendre sa conscience au plus offrant enchérisseur.

Enfin, et surtout, on y soutient que la République seule peut donner au pays des institutions militaires assez solides pour songer à délivrer nos frères d'Alsace et de Lorraine, et laver les hontes de l'empire.

S'il faut l'avouer, ce programme m'ébranle ; et comme je n'ai envie ni de vendre mes services, ni de briguer les honneurs, ni de seconder les galanteries des libertins, ni enfin de me livrer à aucune des gentillesses qui distinguent les courtisans monarchiques, je crois que je vais me décider à devenir, ou plutôt à rester tout bêtement républicain...

Et vous, chers lecteurs ?

JEAN BRUNO.

LE
GRELOT

JOURNAL HEBDOMADAIRE

Politique, Satirique et Illustré

10 CENTIMES LE NUMÉRO

ABONNEMENTS

Un an...........................	8 francs.
Six mois.........	4 —
Trois mois.......................	2 —

Adresser les demandes, accompagnées de timbres-poste ou mandat, à M. MADRE, 20, rue du Croissant, à Paris.

LES
MISÈRES
DES GUEUX

PAR

JEAN BRUNO

—

OUVRAGE ENTIÈREMENT ILLUSTRÉ PAR

G. COURBET

—

Cet ouvrage, composé de 30 livraisons à 10 cent., formera un roman-album sans rival. On y trouvera 60 des principales compositions du *Maître d'Ornans*.

LIBRAIRIE INTERNATIONALE
13, rue du Faubourg-Montmartre, Paris.

1251. — Paris. — imprimerie Auguste Vallée,
16, rue du Croissaet·

www.ingramcontent.com/pod-product-compliance
Lightning Source LLC
Chambersburg PA
CBHW060720050426
42451CB00010B/1537